KB205885

이미지를 통한 삶과 말씀시리즈 1

이미지성경공부
IMAGE BIBLE STUDY

일 상 에 서 말 씀 을 발 견 하 다

이영미, 이미숙, 우치언 지음

도서출판 액션메소드

목차

Part 03

복음을 위해

이미지를 통한 삶과 말씀 시리즈를 시작하며

현대사회를 살아가는 사람들은 이제 활자보다는 이미지를 통해 이해하는 것이 익숙합니다. 하루에도 수많은 이미지가 쏟아지는 이미지 홍수 사회는 과거 농경사회와 산업사회에서 보이던 모습과는 확연히 다릅니다. 아침부터 저녁까지, 탄생에서 죽음까지 세상의 모든 일의 이미지화는 일상이 되었습니다. 본다는 것은 영화처럼 수많은 사진이 눈에서 연속으로 찍히고 있는 것입니다. 그래서 우리의 마음속에는 늘 사진이나 영화처럼 다양한 이미지가 담겨 있습니다. 마음속의 이미지들은 교육이나 광고 등 일상적으로 사용되고 있습니다.

성경에서도 이미지를 활용하고 있습니다. 성경 말씀에 '보라'는 단어도 마음속의 이미지를 불러일으킵니다. '보라'는 말은 실제로 눈으로 보라는 뜻과 마음속 이미지를 통해 보라는 중의적 의미가 있습니다. 말씀을 들었던 당시, 사람들도 눈으로 보든 마음으로 보든 보게 되는 순간, 기억이나 삶의 모습을 떠올렸습니다. 이를 바탕으로 말씀이 주어지게 됩니다. 자신의 삶과 기억을 통한 이해는 가장 편한 학습 방법이기에 성경에도 사용된다고 할 수 있습니다.

예수님도 하늘을 나는 새를 보라고 하거나 열매 맺는 나무를 보라고 말씀을 하십니다. 그리고 비유나 예화를 통해 복음을 전하셨습니다. 말씀을 듣고 있는 제자나 청중은 자신의 마음속에 있는 경험과 이미지를 통해 이해하였습니다. 이 과정은 단순히 외우고 논리적으로 이해하는 방법보다 쉬웠을 것입니다. 현대 교육 방법처럼 피교육자의 경험과 습득 방식을 고려하는 교육이라 할 수 있습니다. 또한 예수님은 제자들이나 만나는 사람들에게 이야기하도록 하셨습니다. 이야기하는 사람은 마음속 이미지를 통한 기억과 서술을 통해 이야기를 시작합니다. 이야기한다는 것은 기억이 선명해지고 상대의 말과 의미를 들으며 자발성이 촉진되는 과정입니다. 예수님의 말씀 전달 방식은 현대 교육 방법과 동일하다고 말할 수 있을 정도입니다.

과거 교육 방법은 교육적 목적과 방법이 직선적이고 목표 지향적이었습니다. 교사 중심이었으며 피교육자는 수동적으로 따라가는 구조였습니다. 하지만 오늘날에는 피교육자의 경험과 이해를 고려하는 교육 방법으로 바뀌었습니다. 하나의 개념을 단기간에 가르치지 않고 점진적으로 지속해서 가르칩니다. 이를 나선형 교육이라 말할 수 있습니다. 이미지를 통해 말을 하면서 자신의 경험을 기억합니다. 그 기억을 이야기하며 말씀을 통해 새롭게 볼 수 있기도 합니다. 다른 사람의 이야기를 들으며 이미지를 이해하고, 자신의 이야기에 귀를 기울이는 사람들의 모습을 보면서 성장하기도 합니다. 이처럼 나선형 교육 방법은 다양한 교육적 효과를 가져옵니다.

이미지를 통한 성경 공부는 자연스럽게 삶을 이야기하게 됩니다. 그 삶에서 자신의 경험을 꺼내기도 하고 다른 사람의 이야기를 들으며 동일한 경험이나 독특한 경험 속에서 소통이 이뤄지게 됩니다. 그리고 성경 내용을 읽으면서 자신에게 와닿는 말씀을 선택하는 과정을 갖습니다. 그 말씀을 다시 한번 보면서 질문에 답을 하도록 합니다. 그 질문은 말씀을 이미지로 이해하면서 자기 생각과 경험을 말하게 돕습니다. 과정을 마치면 인도자가 말씀의 의미를 간략하게 정리해 주고 기도하면서 끝을 냅니다. 과거 성경 공부 방식은 달리, 쉽고 간편하게 진행되지만 마음속에는 자신의 경험과 말씀의 의미가 공존하게 되면서 긴 여운을 갖게 됩니다. 이 방법은 오래된 신앙인이거나 새로운 신앙인 구분 없이 말씀을 각자의 경험 속에서 동일하게 체험되도록 만들었습니다. 이미지 성경 공부 교재가 새 시대를 맞이하면서 어려움을 겪고 있는 교회와 말씀 공동체에 작은 도움이 되기를 바랍니다.

이미지 성경 공부 제작 일동

예수님의 대화법 사마리아 여인

요한복음 4장에는 작은 에피소드가 나온다. 예수님이 제자들도 없는 시간에 목이 말랐다. 그래서 낮에 사람들을 피해 물을 길으러 온 사마리아 여인에게 물을 청한다. 유대인과 사마리아 사람들은 서로 앙숙 같은 존재들이다. 한국과 일본 혹은 한국과 북한이라고 할 수 있을지 모르겠다.

나에게 물을 좀 주시겠소?

이 말을 들었던 사마리아 여인의 머리에는 무슨 그림이 그려졌을까? 자신들을 무시하던 유대인, 자신을 괴롭혔던 남자들, 자신의 기구한 삶이 물을 달라는 예수님의 말에 순간적으로 떠올렸을 것이다. 그래서 나온 대답이 "당신은 유대인으로서 어찌하여 내게 물을 달라고 하십니까?"이다.

이 사마리아 여인의 말과 표정을 읽으면서 예수님은 반응하셨다. 서로 얼굴을 바라보며 여인은 거부감이 드는 표정으로 예수님은 안타까운 표정으로 서 있었다. 각자 서로가 가진 이미지를 가지고 바라보았기 때문에 그에 걸맞은 표정으로 상호작용을 하였다. 상호작용은 대화로 하고 있지만, 서로의 이미지는 변하고 있음을 볼 수 있다.

네가 하나님의 선물을 알고, 또 너에게 물을 달라는 사람이 누구인지를 알았더라면, 도리어 네가 그에게 청하였을 것이고, 그는 너에게 생수를 주었을 것이다.

여인의 말과 마음속 거부감을 예수님은 이와 같은 말로 변화시키고 있다. 단순한 대화지만 다양한 이미지가 들어 있음을 추측해 볼 수 있다. 현대 인간 이해는 성경에 나타난 말뿐 아니라

정서와 이미지를 추측할 수 있게 하였다. 인간 이해 없는 성경 이해는 예수님을 로봇처럼 이해하게 만든다. 신이니까 다 알았겠지, 혹은 교리적으로만 받아들이면서 성경의 생동감을 반감시킨다. 다시 여인의 말을 들어 보자.

선생님, 선생님에게는 두레박도 없고, 이 우물은 깊은데, 선생님은 어디에서 생수를 구하신다는 말입니까? 선생님이 우리 조상 야곱보다 더 위대하신 분이라는 말입니까?

예수님의 영적인 대답에 여인은 현실적이고 합리적인 물음과 예수님 존재에 대해 질문을 하고 있다. 이 질문은 예수님의 대답에서 시작되었다. 그 대답은 여인에게 질문을 낳게 했다. 여인은 질문과 대답을 통해 점차 현실에서 예수님의 존재에 대한 질문으로 옮겨가고 있음을 보게 된다. 이 문답 속에서 여인은 자신의 삶을 이야기할 수밖에 없었고 예수님의 존재를 남자에서 예언자로 구주로 인정하게 된다. 이러한 일련의 과정은 오늘 우리에게 시사하는 바가 크다. 상대의 이미지에 반응하면서 이야기와 감정을 끌어내고 변화시키는 능력이 그리스도인에게 필요한 부분이다. 세상은 인간의 이미지에 침투하기 위해 다양한 노력을 하고 있다. 이미지는 영혼을 움직이는 첫 번째 관문이라 할 수 있다. 오늘날 성경 공부 속에서 또 인간관계 속에서도 필요한 부분이 아닐까? 한 사람의 이미지 속에는 그 사람의 감정과 인생과 이야기가 숨어 있다. 이를 표현하게 만드는 과정이 성경 공부의 기초이며 인간관계의 기본이 되어야 한다. 이미지의 변화는 영혼의 변화뿐만 아니라 사고와 행동의 변화까지 가져오기 때문이다.

추천사

반신환 교수 **한남대학교 기독교학과**

기독교 역사에서 긴 세월 동안 이루어졌던 '이미지', '신체', '활동'을 통합한 성경공부가 현대적으로 소개되는 것은 하나님의 큰 은혜입니다. 이미지 성경공부 교재가 우리 개인과 공동체에 파급하게 될 감동과 영향을 기대합니다.

황헌영 교수 **서울신학대학교**

심령 골수를 꿰뚫는 하나님의 말씀, 우리 마음의 작용과 어떻게 연결이 될까? 우뇌로 접근하는 새로운 성경공부를 접해보라. 이미지 성경공부는 그동안 뇌의 좌반구 편향으로 접근해온 기존 성경공부의 한계를 넘어서서 마음의 심상과 삶의 기억들을 이야기로 담고 있는 우반구 뇌의 작용을 활성화하여 지금까지 맛보지 못한 성경의 묘미를 아주 신선하게 펼쳐낸다! 삶의 실타래가 풀리는 감격을 맛보게 한다.

전경호 목사 **청년목회자연합, 다음세대코칭센터 대표**

"진작에 나왔어야 했습니다. 정말 이 시대에 맞는 성경공부의 획기적인 전환이면서도 가장 성경적인 방법인 이미지 성경공부, 다음 세대는 물론 장년들까지도 이 방법으로 성경을 대한다면 성경이 가슴에 새겨지고, 내 삶에 적용되는 놀라운 결과를 보게 될 것입니다. 이 책의 내용을 통해 청년들과 함께 성경공부할 시간이 벌써부터 기대가 됩니다."

이한욱 목사 **열방교회**

이미지 성경공부 교재가 출간된 것은 한국교회의 축복입니다. 성경을 입체적으로 보게 하고, 입으로 묘사하며 스토리텔링을 할 수 있도록 돕는 교재가 필요했습니다. 또한 자신의 갈등과 연결해 치료와 회복으로 나가게 돕는 이 교재는 한국교회를 은혜롭게 할 것입니다.

이상구 목사 파리 한인침례교회

저희 교회의 교우들이 참여했던 이미지 성경공부는 제시된 이미지들을 통해 풀어내는 문답 형식과 내용이 모두 심오했습니다. 활자화된 성경 구절을 선 제시하여 진행하던 기존의 학습 방법에서 완전히 벗어나, 혁신적으로 주제별 〈이미지 제시〉를 통해 참가자들로 하여금 신선하고 자연스러운 호기심 유발과 함께 친근감 있는 학습 접근의 동기부여, 활발한 참여가 가능하였던 것 같습니다. 콘텐츠가 각 진행 단계끼리 서로 유기적으로 잘 연결되어 있고, 참가자 자신의 일상과 삶의 문제들이 결국 말씀과 연계되어 풀어내어지는 확장성 높은 논리를 보유하고 있고 그 매커니즘으로 효과적인 학습 마무리를 유도할 수 있었습니다. 참가한 교우들이 이미지를 통한 과거와 현재의 아픔을 털어놓으니 속이 후련하고 스스로 힐링 됐다는 소감과 함께 성경 말씀에 자연스럽게 다가갈 수 있어 신선했고 재미있었다 합니다. 불어로도 진행되어 당시 프랑스인들에게도 쉽게 접근할 수 있었습니다. 주위의 비크리스찬들에게도 배운 대로 나눌 수도 있겠다는 교우도 있었습니다. 부부도 참석했는데 서로가 가진 고민과 아픔을 주고받는 기회도 되었습니다. 항상 소지 가능한 간편 크기의 교재만 있다면 목장 모임에 도입하면 좋을 학습 방법이라 여겨졌는데 마침 성경공부 교재로 제작되었다는 소식이 무척 반갑습니다. 이미지 성경공부가 교회와 선교지역에 잘 뿌리내리기를 기원합니다.

Missionary Dr. NGUYEN CUU Nam Tran 파리 한인침례교회 베트남 선교사
Médecine Générale et MicroNutritionnelle in Paris

아주 새로운 콘셉트이네요. 스마트폰과 일상에서 쓰이는 물건이나 단어를 이미지로 이용한 아주 현대적인 방법이네요. 평소에 서로에게 그리고 우리 자신에게 물어보지 않는 중요한 질문들이 들어있습니다. 말씀의 분량이 많지 않아서 집중하기 어려운 학생들에게도 부담이 없어요. 특히 새신자나 무신론자의 마음에 다가가기에 도움이 되는 질문들이 훌륭합니다.

이미지 성경 공부 단계별 설명

01 이미지 보고 이야기하기

첫 단계의 그림은 단순한 이미지이다. 인도자의 질문을 통해 참여자들은 자신의 기억을 떠올리게 된다. 최근의 기억 가운데 단순하고 소소한 일상을 말할 수도 있고 오래되고 가슴 아픈 기억을 떠올릴 수도 있다. 일상에서 보이는 모든 사물도 기억을 촉진하는 이미지이다. 그 이미지가 현실성을 가지느냐 아니냐는 각자의 삶의 내용과 관련이 있다.

이미지 성경에서 사용하는 이미지는 참여자들의 기억을 촉진하기도 하고 성경 말씀과 연결을 위해 사용한다. 참여자들은 단순한 이미지를 통해 사실적 기억을 먼저 말하게 된다. 실제로 경험한 일상의 이야기를 나누면서 서로가 편하게 된다. 다음으로 삶의 한 단편이나 추상적인 이야기의 질문을 통해 자신의 마음을 이야기하게 한다. 아픈 기억이나 마음속에 풀리지 않은 고민을 이야기할 수도 있다. 참여자들은 이야기하면서 기억이 활성화된다.

이처럼 활성화된 기억과 감정을 가지고 이야기하면 단순한 이야기가 아니라 서로를 이해할 수 있는 분위기가 형성된다. 인도자는 참여자가 어떻게 살아왔는지, 어떤 고민이 있는지, 아직 해결되지 못한 문제가 무엇인지를 구조적으로 이야기할 수 있게 돕는다. 마음의 이야기를 서로 나누는 상호작용은 이미지 성경 공부에서 중요한 첫 단계이다.

02 말씀 읽고 선택하기

이미지 단계에서 자신의 이야기와 기억을 소환하여 관계가 편해지면 인도자는 참여자들에게 성경을 읽고 어떤 말씀이 끌리는지 선택해 보게 한다. 이미지 단계에서 자기표현이 편해지면 자발성이 올라가고 성경을 연상해 보기가 쉽다. 문자를 해석하지 말고 성경 자체가 묘사하는 장면을 그리다 보면 성경이 입체적으로 보이게 된다. 자기 스스로 묘사한 성경 내용은 스토리

텔링화되면서 더욱 구체화되고 생동감 있게 묘사된다. 읽고 선택하고 그 이유를 설명하면서 활성화된 성경 이미지가 은연중에 자신의 경험을 투영하기 때문이다.

03 선택한 말씀 나누기

참여자들의 선택에 의해 성경 말씀을 탐색한다. 선택된 하나의 성경 장면 혹은 구절에 대하여 인도자가 질문하게 되면 말씀은 살아 움직이게 된다. 질문은 성경을 구체적으로 보기 위한 방식과 다른 관점을 가져보게 하는 방식, 그리고 자신과 연관성을 고려하며 질문을 하도록 구성되어 있다. 이 과정에서 주어진 질문을 따라 단계적으로 진행할 수도 있지만, 인도자의 역량에 따라 하나의 질문에 더 집중해도 된다. 질문과 대답을 하다 보면 또 다른 질문이 생겨난다. 알고 싶은 욕구와 인도자가 가르쳐준 내용이 비례할 때 학습효과는 극대화된다.

04 말씀에 대한 의미 설명

설명은 각자가 이야기한 내용을 요약하고 간략한 주석을 할 수 있다. 이 과정들은 성경의 의미가 만들어지는 과정이다. 참여자들은 성경 내용을 많이 아는 사람부터 모르는 사람까지 다양한다. 그래서 참여자들이 말한 성경 묘사를 요약해 주면서 자신들의 이야기가 소홀히 여기지 않는다는 느낌을 받도록 한다. 그 과정에서 해석 혹은 교육의 이야기를 조금만 덧붙이면 된다. 마지막에 제시한 말씀 해설은 삶의 이야기와 성경의 이야기를 종합 정리하게 된다. 설교처럼 듣는 사람도 있고 해설처럼 이해하는 사람도 있을 수 있다. 한 사람의 사역자가 예화와 해석 그리고 선포로 이어지는 설교처럼 이미지 성경 말씀은 함께 만들어가는 설교라고 할 수 있다.

PART 1.

나를 알고

01 문

이미지 보고 이야기하기

1. 당신은 어제 몇 개의 문을 열어 보았나요?
2. 기억나는 문 하나를 설명해 보세요.
3. 당신의 인생에서 가장 열기 힘든 문은 무엇이었나요?
4. 그 문이 열리지 않음으로 당신은 어떻게 되었나요?

말씀 읽고 선택하기

>> 성경말씀을 읽고 마음에 와 닿는 말씀을 선택한 후, 그 이유를 나누어 보세요.

말씀 1 잠언 8장 33-35절

33 훈계를 들어서 지혜를 얻으라 그것을 버리지 말라 34 누구든지 내게 들으며 날마다 내 문 곁에서 기다리며 문설주 옆에서 기다리는 자는 복이 있나니 35 대저 나를 얻는 자는 생명을 얻고 여호와께 은총을 얻을 것임이니라

말씀 2 요한계시록 3장 19-20절

19 무릇 내가 사랑하는 자를 책망하여 징계하노니 그러므로 네가 열심을 내라 회개하라 20 볼찌어다 내가 문밖에 서서 두드리노니 누구든지 내 음성을 듣고 문을 열면 내가 그에게로 들어가 그로 더불어 먹고 그는 나로 더불어 먹으리라

말씀 나누기

>> 선택한 본문 말씀의 질문에 대하여 나누어 보세요.

Q&A

1. 선택한 말씀을 설명해 보세요.
2. 문 곁에서 기다리며 문설주 옆에서 기다리는 자는 어떤 사람을 묘사한다고 생각하나요?
3. 당신은 하나님의 말씀을 듣기 위해 성전(교회 혹은 성경공부) 문 앞에서 기다려 본 적이 있나요?

Q&A

1. 선택한 말씀을 설명해 보세요.
2. 문 밖에서 주님이 당신의 마음의 문을 두드린다고 느껴 본 적이 있나요?
3. 그 음성에 응답하고 문을 연다는 것은 무엇을 의미하나요?

메시지

말씀 1 잠언 8장 33-35절

삶의 의미와 가르침에 대해서 우리는 무관심합니다. 그저 남들처럼 살거나 습관처럼 사고하게 됩니다. 그러나 지혜로운 자와 신앙인이라면 생명을 얻고자 노력해야 합니다. 하나님 아버지의 뜻대로 살고자 하는 사람은 생명으로 향하게 되며, 하나님 없이 사는 사람은 그저 무의미하게 삶을 살게 됩니다. 하나님은 우리 모두가 생명을 구하라고 말씀하십니다.

말씀 2 요한계시록 3장 19-20절

주님은 우리 마음의 문을 열기를 바랍니다. 우리가 주님 없이 살게 되면 생명 없이 죽음으로 가기 때문입니다. 그러나 우리는 주님이 문을 두드리는 소리를 듣지 못하기 때문에 문을 열 수 없으며 그의 음성을 들을 수 없기 때문에 응답하지 못합니다. 우리가 말씀을 읽고 기도하는 이유는 그의 음성에 반응할 수 있는 영혼으로 변하기 위한 첫걸음입니다. 주님의 음성에 응답하는 우리가 되기를 노력해야 합니다.

나눔

02 구덩이

이미지 보고 이야기하기

1. 이 그림은 어떤 상황에 놓인 사람으로 보이나요?
2. 어쩌다 이리 되었을까요?
3. 이 사람이 여기서 나갈 방법은 무엇일까요?
4. 나도 이런 구덩이에 빠진 적이 있었나요?
5. 누가 이 사람을 구할 수 있을까요?
   나도 그런 도움을 받아 본 적이 있나요?

말씀 읽고 선택하기

>> 성경말씀을 읽고 마음에 와 닿는 말씀을 선택한 후, 그 이유를 나누어 보세요.

말씀 1 마태복음 12장 8-12절

8 인자는 안식일의 주인이니라 하시니라 9 거기에서 떠나 그들의 회당에 들어가시니 10 한쪽 손 마른 사람이 있는지라 사람들이 예수를 고발하려 하여 물어 이르되 안식일에 병 고치는 것이 옳으니이까 11 예수께서 이르시되 너희 중에 어떤 사람이 양 한 마리가 있어 안식일에 구덩이에 빠졌으면 끌어내지 않겠느냐 12 사람이 양보다 얼마나 더 귀하냐 그러므로 안식일에 선을 행하는 것이 옳으니라 하시고

말씀 2 마가복음 8장 33-35절

33 예수께서 돌이키사 제자들을 보시며 베드로를 꾸짖어 이르시되 사탄아 내 뒤로 물러가라 네가 하나님의 일을 생각하지 아니하고 도리어 사람의 일을 생각하는도다 하시고 34 무리와 제자들을 불러 이르시되 누구든지 나를 따라오려거든 자기를 부인하고 자기 십자가를 지고 나를 따를 것이니라 35 누구든지 자기 목숨을 구원하고자 하면 잃을 것이요 누구든지 나와 복음을 위하여 자기 목숨을 잃으면 구원하리라

5. 말씀 나누기

>> 선택한 본문 말씀의 질문에 대하여 나누어 보세요.

Q&A

1. 선택한 말씀을 설명해 보세요.
2. 구덩이에 빠진 양처럼 위기에 처한 사람을 본 적이 있나요?
3. 사람들이 왜 안식일에 병 고치는 것이 가능하냐고 물어 보았을까요?
4. 구덩이에 빠진 양처럼 당신 주변에 당신의 도움이 필요한 사람은 누구인가요?
5. 그 사람을 위해 당신이 할 수 있는 일과 주님께 구해야 하는 것이 무엇인지 말해보세요.

Q&A

1. 선택한 말씀을 설명해 보세요.
2. 예수님은 왜 제자들을 꾸짖었을까요?
3. 제자들이 생각하는 구원과 예수님이 말한 구원의 차이는 무엇일까요?
4. 구원과 예수님과 복음을 위한 희생은 어떤 관계가 있을까요?
5. 주님과 복음을 위해 희생해 본 경험이 있나요? 또는 어떤 희생을 할 수 있을까요?

메시지

말씀 1 마태복음 12장 8-12절

사람들은 예수님이 하나님의 아들이 아니라는 것을 증명하기 위해 율법에 관한 질문을 합니다.

이런 사람들의 태도는 지금도 계속됩니다. 기독교가 참 진리가 아니라고 공격합니다.

이런 태도가 고통받고 구원받아야 할 사람들을 외면하고 탁상공론으로 빠지게 만듭니다.

그러나 예수님은 안식일의 주인은 예수님이고 사람들을 구원하는 일이 율법보다 중요하다고 분명히 말씀하십니다.

말씀 2 마가복음 8장 33-35절

예수님을 믿는 것을 사업이 잘 되거나 공부를 잘하거나 가족의 행복을 위한다고 생각하는 사람이 많습니다. 예수님은 그런 사람들에게 구원이 무엇인지 모르는 사람들이라고 말합니다.

죄에서 멸망 받을 수밖에 없는 자신의 존재는 잊고 사업 공부 가정이 잘 되는 현실적 구원에만 머무는 사람들을 꾸짖습니다. 그리고 진정한 복음은 영혼을 살리는 일에 나의 모든 것을 희생하는 사람이 복 있는 사람이라 말씀하십니다. 우리가 주님을 믿는다는 것은 그 복음을 위해 삶을 사는 것을 의미합니다.

나눔

03 길 위에 놓여있는 바위

이미지 보고 이야기하기

1. 길 가운데 놓여있는 큰 돌덩이나 싱크 홀을 본 적이 있나요?
2. 이런 상황에 사람이나 차는 어떻게 될까요?
3. 당신의 인생길에 가로막인 돌덩이는 무엇인가요?
4. 그 돌덩이는 치워졌나요? 아니면 어떻게 치울 예정인가요?

말씀 읽고 선택하기

>> 성경말씀을 읽고 마음에 와 닿는 말씀을 선택한 후, 그 이유를 나누어 보세요.

말씀 1 시편 119편 67-71편

67 고난당하기 전에는 내가 그릇 행하였더니 이제는 주의 말씀을 지키나이다 68 주는 선 하사 선을 행하시오니 주의 율례로 나를 가르치소서 69 교만한 자가 거짓을 지어 나를 치려하였사오나 나는 전심으로 주의 법도를 지키리이다 70 저희 마음은 살쪄 지방 같으나 나는 주의 법을 즐거워하나이다 71 고난당한 것이 내게 유익이라 이로 인하여 내가 주의 율례를 배우게 되었나이다

말씀 2 야고보서 5장 13-16절

13 너희 중에 고난당하는 자가 있느냐 저는 기도할 것이요 즐거워하는 자가 있느냐 저는 찬송할지니라 14 너희 중에 병든 자가 있느냐 저는 교회의 장로들을 청할 것이요 그들은 주의 이름으로 기름을 바르며 위하여 기도할지니라 15 믿음의 기도는 병든 자를 구원하리니 주께서 저를 일으키시리라 혹시 죄를 범하였을지라도 사하심을 얻으리라 16 이러므로 너희 죄를 서로 고하며 병 낫기를 위하여 서로 기도하라 의인의 간구는 역사하는 힘이 많으니라

말씀 나누기

>> 선택한 본문 말씀의 질문에 대하여 나누어 보세요.

Q&A

1. 본문 시편에서 고난을 당하는 이유가 무엇이라고 말합니까?
2. 저희 마음은 살쪄 지방 같다는 말을 설명해 보세요.
3. 내가 주의 법 혹은 올바른 삶을 살지 못하는 이유가 어디에 있다고 생각합니까?
4. 고난이 유익이라고 여겼던 경험을 말해 주세요.

Q&A

1. 본문을 설명해 보세요.
2. 고난을 당해도 즐거워 할 수 있는 힘은 어디에서 나올까요?
3. 병든 사람 혹은 죄를 저지른 사람을 위해 할 수 있는 일이 무엇입니까?
4. 의인의 기도가 힘이 많다고 하는 구절을 각자 나름대로 설명해 보세요.

메시지

말씀 1 시편 119편 67-71편

고난에 대해서 사람들은 다양한 해석을 합니다. 먼저는 인과응보적 관점입니다. 문제가 있으니까 결과로서 고난이 왔다는 관점입니다. 두 번째는 고난을 억울하게 당했다는 관점입니다. 내가 잘못이 없는데 고난이 찾아왔다고 생각합니다. 성경은 신앙의 관점으로 해석하기를 원합니다. 고난을 통해 신앙을 찾게 되고 하나님을 의지한다면 고난이 유익하다고 말합니다. 하나님은 고난을 통해 우리를 가르쳐서 올바른 삶으로 인도하신다고도 말합니다. 우리가 고난을 슬기롭게 받아들이고 헤쳐나간다면 신앙의 성숙을 가져오는 기회가 될 수 있습니다.

말씀 2 야고보서 5장 13-16절

성경은 고난을 당하면 기도하라고 합니다. 인간의 도움을 받고자 노력하고 해결하기보다 기도가 우선이라고 말합니다. 신앙의 기초는 하나님께 해결을 구하고자 하는 태도입니다. 하나님에게 고난의 의미를 묻고 구하는 모습이 신앙인의 모습입니다. 이 믿음의 기초가 튼튼할 때 기도는 능력이 있게 되고 나의 고난뿐 아니라 다른 사람의 고난과 고통에 대해 기도의 능력을 보일 수 있습니다. 이 기도를 혼자 혹은 둘이서 또 여럿이 할 때 능력은 커지게 된다고 말씀하십니다.

나눔

04 쓰레기통

이미지 보고 이야기하기

1. 당신의 가정에 쓰레기통이 몇 개가 있나요?

2. 그 쓰레기통에 많이 들어 있는 쓰레기는 무엇인가요?

3. 당신의 삶에서 쓰레기통에 버리고 싶은 것은 무엇인가요?

4. 그것을 쓰레기통에 버리지 못하는 이유는 무엇입니까?

말씀 읽고 선택하기

>> 성경말씀을 읽고 마음에 와 닿는 말씀을 선택한 후, 그 이유를 나누어 보세요.

말씀 1 전도서 3장 5-8절

5 돌을 던져 버릴 때가 있고 돌을 거둘 때가 있으며 안을 때가 있고 안는 일을 멀리할 때가 있으며 6 찾을 때가 있고 잃을 때가 있으며 지킬 때가 있고 버릴 때가 있으며 7 찢을 때가 있고 꿰맬 때가 있으며 잠잠할 때가 있고 말할 때가 있으며 8 사랑할 때가 있고 미워할 때가 있으며 전쟁할 때가 있고 평화할 때가 있느니라

말씀 2 마태복음 26장 31-35절

31 그 때에 예수께서 제자들에게 이르시되 오늘 밤에 너희가 다 나를 버리리라 기록된 바 내가 목자를 치리니 양의 떼가 흩어지리라 하였느니라 32 그러나 내가 살아난 후에 너희보다 먼저 갈릴리로 가리라 33 베드로가 대답하여 이르되 모두 주를 버릴지라도 나는 결코 버리지 않겠나이다 34 예수께서 이르시되 내가 진실로 네게 이르노니 오늘 밤 닭 울기 전에 네가 세 번 나를 부인하리라 35 베드로가 이르되 내가 주와 함께 죽을지언정 주를 부인하지 않겠나이다 하고 모든 제자도 그와 같이 말하니라

말씀 나누기

>> 선택한 본문 말씀의 질문에 대하여 나누어 보세요.

Q&A

1. 때는 시간을 말합니다. 당신은 때를 놓친 적이 있습니까?
2. 버려야 할 때 버리지 못해서 고통을 당한 적이 있습니까?
3. 당신은 그 시간을 구분하는 기준을 어떻게 정하고 있습니까?
4. 기회를 놓쳐서 후회해 본 경험은 무엇입니까?

Q&A

1. 당신은 주님을 버린 적이 언제입니까?
2. 베드로는 주님을 버리지 않겠다고 다짐합니다. 이런 다짐을 당신은 해 본 경험이 있습니까?
3. 다짐을 했지만 주님을 부인하고 외면한 이유는 무엇입니까?
4. 당신이 버려야 할 것과 버리지 말아야 할 것을 구분해 말해 보세요.

메시지

말씀 1 전도서 3장 5-8절

모든 인간들에게 시간은 공평하게 주어집니다. 그 시간을 어떻게 사용하느냐는 각자의 능력에 달려 있습니다. 시간 가운데 순간을 나타내는 때를 아는 것도 중요합니다. 공부할 때, 사랑할 때, 일해야 할 때, 용서할 때와 같이 기회의 순간을 알아차려야 합니다. 우리는 주님 안에서 버려야 할 부분을 버리지 못하여 은혜를 놓치는 경우가 많이 있습니다. 믿음의 열매가 맺지 못하는 이유는 버려야 할 것을 제때에 버리지 못하기 때문입니다. 주 앞에서 버려야 할 부분과 성장해야 할 부분을 구분하는 우리가 되어야 합니다.

말씀 2 마태복음 26장 31-35절

베드로는 주님을 버리지 않겠다고 다짐을 합니다. 제자들도 베드로와 같이 주님을 부인하지 않겠다고 다짐합니다. 그러나 예수님은 베드로가 자신을 부인할 것을 예언합니다. 신앙생활을 하면서 주님께 헌신과 순종을 다짐하지만 금방 잊어버리거나 기도의 내용과 다른 삶을 살 때가 많습니다. 베드로와 제자들이 주님 앞에서 다짐을 하지만 부인하고 배반하였던 것처럼 우리도 주님을 버리는 일이 얼마나 많이 있는지 돌아봐야 합니다. 우리의 모습을 보고 안타까워하는 주님의 심정을 헤아리면서 항상 깨어 기도해야 합니다.

나눔

05 알

이미지 보고 이야기하기

1. 알에서 깨어난 병아리나 생명체를 본 적이 있나요?
2. 당신은 언제 알에서 나왔나요?
3. 못나왔다면 그 알이 얼마나 두껍기 때문인가요?
4. 혹은 당신의 어떤 나약함 때문인가요?
5. 그 알에서 나오기 위해 당신이 할 수 있는 일은 무엇인가요?

말씀 읽고 선택하기

>> 성경말씀을 읽고 마음에 와 닿는 말씀을 선택한 후, 그 이유를 나누어 보세요.

말씀 1 에베소서 6장 13-17절

13 그러므로 하나님의 전신 갑주를 취하라 이는 악한 날에 너희가 능히 대적하고 모든 일을 행한 후에 서기 위함이라 14 그런즉 서서 진리로 너희 허리 띠를 띠고 의의 호심경을 붙이고 15 평안의 복음이 준비한 것으로 신을 신고 16 모든 것 위에 믿음의 방패를 가지고 이로써 능히 악한 자의 모든 불화살을 소멸하고 17 구원의 투구와 성령의 검 곧 하나님의 말씀을 가지라

말씀 2 고린도전서 13장 11-13절

11 내가 어렸을 때에는 말하는 것이 어린 아이와 같고 깨닫는 것이 어린 아이와 같고 생각하는 것이 어린 아이와 같다가 장성한 사람이 되어서는 어린 아이의 일을 버렸노라 12 우리가 지금은 거울로 보는 것 같이 희미하나 그 때에는 얼굴과 얼굴을 대하여 볼 것이요 지금은 내가 부분적으로 아나 그 때에는 주께서 나를 아신 것 같이 내가 온전히 알리라 13 그런즉 믿음, 소망, 사랑, 이 세 가지는 항상 있을 것인데 그 중의 제일은 사랑이라

말씀 나누기

>> 선택한 본문 말씀의 질문에 대하여 나누어 보세요.

Q&A

1. 당신의 약함을 이기기 위해 노력했던 이야기를 해주세요.

2. 성장한 신앙인의 모습을 본문은 말하고 있습니다. 진리의 허리 띠, 의의 호심경, 평안의 복음, 믿음의 방패, 구원의 투구, 성령의 검 가운데 당신에게 확실한 것과 부족한 것을 말해 보세요.

3. 진리, 의, 평안, 믿음, 구원, 성령 가운데 당신이 더욱 필요한 부분이 무엇입니까?

4. 위의 신앙의 모습을 갖기 위해 누구와 함께 하고자 합니까?

Q&A

1. 당신에게 아직도 어린아이와 같은 성격이나 행동은 무엇인가요?

2. 당신만 아는 자신의 미숙함과 다른 사람이 알고 있는 미숙함은 무엇인가요?

3. 당신은 자신의 미숙함을 자책하나요? 아니면 자신을 위로할 줄 알고 있나요?

4. 타인의 미숙함을 지적하는 마음이 있나요? 사랑으로 이해하고 있나요?

메시지

말씀 1 에베소서 6장 13-17절

신앙인의 모습을 성경은 말하고 있습니다. 하나님의 전신갑주란 신앙생활을 하면서 필요한 요소입니다. 진리, 의, 평안, 믿음, 구원, 성령은 유기적으로 관계가 있습니다. 진리가 없으면 의로움을 알지 못하고 평안함이 없으면 믿음과 구원의 확신을 가질 수 없습니다. 또한 성령님의 도우심이 없으면 이 모든 것이 지속되지 않습니다. 내가 과거의 모습을 가지고 살고 있다는 것은 아직 알에서 나오지 못하는 부분이 있음을 의미합니다. 과거의 약한 모습을 극복하고 기도와 성령님의 도움을 통해 하나님의 사람으로 거듭나야 합니다.

말씀 2 고린도전서 13장 11-13절

성장하지 못한 사람일수록 어린아이와 같은 모습을 갖고 있습니다. 심리학에서는 성인아이라고 말합니다. 어른이 되면 유치한 아이의 모습을 버리게 됩니다. 그러나 과거의 상처나 성장하지 못한 내면을 가지고 몸만 어른이 된 사람은 미숙한 모습으로 살아갑니다. 내면이 건강한 사람일수록 주님의 말씀과 진리를 깨닫는 힘이 있습니다. 내면의 성장과 영적 성숙이 조화롭게 이뤄지면 주님이 말씀하신 믿음 소망 사랑이 자리 잡게 됩니다. 어떤 상황도 사랑으로 극복할 수 있는 힘이 생기게 됩니다.

나눔

06 핸드폰

이미지 보고 이야기하기

1. 당신의 핸드폰에는 몇 개의 전화번호가 저장되어 있나요?
2. 그 전화번호 가운데 자주하는 번호는 몇 개이며 누구인가요?
3. 인생을 돌아보며 전화를 걸고 싶은 사람은 누구인가요?
4. 당신은 누가 전화를 걸어와 주면 좋겠습니까?

말씀 읽고 선택하기

>> 성경말씀을 읽고 마음에 와 닿는 말씀을 선택한 후, 그 이유를 나누어 보세요.

말씀 1 사무엘상 3장 10-11절

10 여호와께서 임하여 서서 전과 같이 사무엘아, 사무엘아 부르시는지라 사무엘이 이르되 말씀하옵소서 주의 종이 듣겠나이다 하니 11 여호와께서 사무엘에게 이르시되 보라 내가 이스라엘 중에 한 일을 행 하리니 그것을 듣는 자마다 두 귀가 울리리라

말씀 2 출애굽기 3장 1-6절

1 모세가 그의 장인 미디안 제사장 이드로의 양 떼를 치더니 그 떼를 광야 서쪽으로 인도하여 하나님의 산 호렙에 이르매 2 여호와의 사자가 떨기나무 가운데로부터 나오는 불꽃 안에서 그에게 나타나시니라 그가 보니 떨기나무에 불이 붙었으나 그 떨기나무가 사라지지 아니하는지라 3 이에 모세가 이르되 내가 돌이켜 가서 이 큰 광경을 보리라 떨기나무가 어찌하여 타지 아니하는고 하니 그 때에 4 여호와께서 그가 보려고 돌이켜 오는 것을 보신지라 하나님이 떨기나무 가운데서 그를 불러 이르시되 모세야, 모세야 하시매 그가 이르되 내가 여기 있나이다 5 하나님이 이르시되 이리로 가까이 오지 말라 네가 선 곳은 거룩한 땅이니 네 발에서 신을 벗으라 6 또 이르시되 나는 네 조상의 하나님이니 아브라함의 하나님, 이삭의 하나님, 야곱의 하나님이니라 모세가 하나님 뵈옵기를 두려워하여 얼굴을 가리매

말씀 나누기

>> 선택한 본문 말씀의 질문에 대하여 나누어 보세요.

Q&A

1. 선택한 말씀을 설명해 보세요.
2. 하나님이 사무엘을 부를 때 사무엘의 태도는 무엇입니까?
3. 당신은 하나님의 부르심에 응답한 적이 있나요? 아직 듣지 못했다면 부르심에 어떤 대답을 하고 싶습니까?
4. 그 부르심의 내용은 무엇입니까? 부르심을 듣지 못했다면 그 이유는 무엇입니까?

Q&A

1. 모세가 하나님을 만난 장소는 어디입니까?
2. 당신은 하나님을 만나기 위해 어떤 장소를 택하고 싶습니까?
3. 하나님을 만나기 위한 모세에게 거룩한 장소에서 신을 벗으라고 하십니다.
   당신은 거룩한 주님을 위해 무엇을 벗어야 할까요?
4. 당신은 하나님을 만나면 어떤 기분이 들까요?

메시지

말씀 1 사무엘상 3장 10-11절

어린 사무엘에게 여호와 하나님이 찾아오십니다. 하나님은 그가 어리지만 하나님을 사랑하고 찾는 마음을 아시고 사무엘을 부르십니다. 우리가 하나님을 구하고 찾으면 하나님은 우리의 마음을 아시고 찾아와 주십니다. 하나님을 사랑하고 찾고자 하는 마음이 없는 자에게 하나님이 찾아오지 않는 것은 당연합니다.

말씀 2 출애굽기 3장 1-6절

모세를 부르신 하나님은 자신을 보여주시며 거룩함을 요구하십니다. 그 거룩을 위해 신을 벗으라는 상징적 행동을 요구하십니다. 하나님을 만나기 위해 하나님의 음성을 듣기 위해 우리가 거룩함을 유지하기 위해 기도와 말씀 생활을 항상 유지하는 신앙생활이 필요합니다.

나눔

Action Bible I ▶ 성경 말씀을 조각해 보기

Bible 요한계시록 3장 19-20절

19 무릇 내가 사랑하는 자를 책망하여 징계하노니 그러므로 네가 열심을 내라 회개하라 20 볼찌어다 내가 문밖에 서서 두드리노니 누구든지 내 음성을 듣고 문을 열면 내가 그에게로 들어가 그로 더불어 먹고 그는 나로 더불어 먹으리라

Action 활동 진행 순서

1. 성경에 나오는 문을 참가자나 의자를 이용해 만들어 본다.
2. 문 안에는 조각한 자신을 문 밖에는 예수님 역할을 만들어 본다.
3. 자신의 모습을 떨어져 보고 느껴 본다.
4. 문을 열지 못한 자신에게 말을 걸어 본다.

Tip 조각하기란?

참여자가 자신이 조각가가 되어 다른 참여자를 세워 자신이 표현하고자 하는 모습들 즉, 표정, 손, 발, 몸의 방향등을 마치 조각하듯 만들어서 움직이지 않는 Stop Motion이 되도록 하는 것을 말한다.

나눔

PART 2.

주님을 알고

07 밤

이미지 보고 이야기하기

1. 당신에게 밤의 이미지는 무엇입니까? (노래, 시, 소설 등의 이미지)
2. 밤에 혼자 있다고 느껴진 적이 있나요?
3. 집에 들어갔을 때 느꼈던 어둠을 기억해 보세요.
4. 어둠 속에서 누가 당신 곁에 있었으면 좋았을까요?

말씀 읽고 선택하기

>> 성경말씀을 읽고 마음에 와 닿는 말씀을 선택한 후, 그 이유를 나누어 보세요.

말씀 1 마태복음 14장 25-32절

25 밤 사경에 예수께서 바다 위로 걸어서 제자들에게 오시니 26 제자들이 그가 바다 위로 걸어오심을 보고 놀라 유령이라 하며 무서워하여 소리 지르거늘 27 예수께서 즉시 이르시되 안심하라 나니 두려워 하지 말라 28 베드로가 대답하여 이르되 주여 만일 주님이시거든 나를 명하사 물 위로 오라 하소서 하니 29 오라 하시니 베드로가 배에서 내려 물 위로 걸어서 예수께로 가되 30 바람을 보고 무서워 빠져 가는지라 소리 질러 이르되 주여 나를 구원하소서 하니 31 예수께서 즉시 손을 내밀어 그를 붙잡으시며 이르시되 믿음이 작은 자여 왜 의심하였느냐 하시고 32 배에 함께 오르매 바람이 그치는지라

말씀 2 사도행전 16장 25-34절

25 한밤중에 바울과 실라가 기도하고 하나님을 찬송하매 죄수들이 듣더라 26 이에 갑자기 큰 지진이 나서 옥터가 움직이고 문이 곧 다 열리며 모든 사람의 매인 것이 다 벗어진지라 27 간수가 자다가 깨어 옥문들이 열린 것을 보고 죄수들이 도망한 줄 생각하고 칼을 빼어 자결하려 하거늘 28 바울이 크게 소리 질러 이르되 네 몸을 상하지 말라 우리가 다 여기 있노라 하니 29 간수가 등불을 달라고 하며 뛰어 들어가 무서워 떨며 바울과 실라 앞에 엎드리고 30 그들을 데리고 나가 이르되 선생들이여 내가 어떻게 하여야 구원을 받으리이까 하거늘 31 이르되 주 예수를 믿으라 그리하면 너와 네 집이 구원을 받으리라 하고 32 주의 말씀을 그 사람과 그 집에 있는 모든 사람에게 전하더라 33 그 밤 그 시각에 간수가 그들을 데려다가 그 맞은 자리를 씻어 주고 자기와 그 온 가족이 다 세례를 받은 후 34 그들을 데리고 자기 집에 올라가서 음식을 차려 주고 그와 온 집안이 하나님을 믿으므로 크게 기뻐하니라

말씀 나누기

>> 선택한 본문 말씀의 질문에 대하여 나누어 보세요.

Q&A

1. 밤에 무서운 일을 당한 경험을 말해보세요.

2. 제자들이 예수님을 보고 무서워하자 안심하고 두려워말라고 하십니다.
   예수님의 이 말씀을 당신이 무슨 일을 당할 때 해 주시면 좋겠습니까?

3. 베드로가 예수님에게 자신을 물 위로 오게 해달라고 합니다.
   당신은 예수님에게 무슨 요청을 하고 싶습니까?

4. 믿음이 없어서 바다에 빠진 베드로처럼 믿음이 없어서 어려움에 빠진 경험이 있습니까?

Q&A

1. 살면서 한 밤 중에 일어난 일들 가운데 기억나는 하나를 말해 보세요.

2. 옥문이 열리고 죄수가 도망한 줄 알고 죽으려고 한 간수처럼 자신의 실수로 죽고
   싶었던 적이 있습니까?

3. 바울과 실라는 도망하지 않고 엎드린 간수에게 무엇이라 말하였습니까?

4. 당신과 당신의 가족은 구원 받은 기쁨을 누리고 있습니까?

메시지

말씀 1 마태복음 14장 25-32절

예수님을 따르는 제자들도 예수님을 분별하지 못하였습니다. 그래서 예수님이 물 위를 걸으신 모습을 보면서도 '유령이다'고 하면서 두려워합니다. 예수님이 자신임을 밝히자 베드로가 용기를 내서 물 위를 걷지만 어둠 속에서 부는 바람에 이내 빠지고 맙니다. 신앙생활을 한다는 우리도 똑같습니다. 평온할 때는 신앙생활을 잘하다가도 어둠이 닥치거나 두려움이 엄습하면 신앙을 잊어버리게 됩니다. 즉시 약하고 믿음 없는 이전의 모습으로 돌아가게 됩니다. 평온할 때 어둠을 이기는 신앙을 준비해야 합니다. 주님과 항상 동행할 때 어둠이 와도 우리는 두려움에 빠지지 않게 됩니다.

말씀 2 사도행전 16장 25-34절

어두운 밤에 지진이 나고 옥문이 열리는 순간에 평온한 바울과 실라와 달리 간수는 자결할 정도로 두려움에 사로잡혔습니다. 죄수가 도망가면 자신은 책임을 져야 하는 상황이었기 때문입니다. 인생에서 고난이나 어둠이 몰려올 때 담대할 수 있느냐 없느냐는 믿음에 달려 있습니다. 주님을 믿는 사람은 두려움에 사로잡히지 않습니다. 두려움에 빠지더라도 금방 일어설 수 있습니다. 우리를 구원하신 주님을 믿으면 어떠한 고난과 환란이 와도 이겨낼 수 있게 됩니다. 우리 자신과 가족이 구원을 받으면 그 어떤 유산보다 값진 것이며 능력을 얻게 됩니다. 우리 모두 고귀한 구원을 통해 성장하는 가족이 돼야 합니다.

나눔

08 사랑

이미지 보고 이야기하기

1. 사랑이 들어간 노래를 아는 대로 말해보세요.
2. 당신이 기억하는 최고의 사랑 노래는 무엇인가요?
3. 에로스, 필리아, 아가페라는 사랑의 의미를 아는 대로 말해보세요.
4. 당신이 원하는 사랑은 무엇입니까?
5. 그것을 통해 얻고 싶은 것을 이야기해 보세요.

말씀 읽고 선택하기

>> 성경말씀을 읽고 마음에 와 닿는 말씀을 선택한 후, 그 이유를 나누어 보세요.

말씀 1 고린도전서 13장 1-7절

1 내가 사람의 방언과 천사의 말을 할지라도 사랑이 없으면 소리 나는 구리와 울리는 꽹과리가 되고 2 내가 예언하는 능력이 있어 모든 비밀과 모든 지식을 알고 또 산을 옮길 만한 모든 믿음이 있을지라도 사랑이 없으면 내가 아무 것도 아니요 3 내가 내게 있는 모든 것으로 구제하고 또 내 몸을 불사르게 내줄지라도 사랑이 없으면 내게 아무 유익이 없느니라 4 사랑은 오래 참고 사랑은 온유하며 시기하지 아니하며 사랑은 자랑하지 아니하며 교만하지 아니하며 5 무례히 행하지 아니하며 자기의 유익을 구하지 아니하며 성내지 아니하며 악한 것을 생각하지 아니하며 6 불의를 기뻐하지 아니하며 진리와 함께 기뻐하고 7 모든 것을 참으며 모든 것을 믿으며 모든 것을 바라며 모든 것을 견디느니라

말씀 2 요한일서 4장 7-11절

7 사랑하는 자들아 우리가 서로 사랑하자 사랑은 하나님께 속한 것이니 사랑하는 자마다 하나님으로부터 나서 하나님을 알고 8 사랑하지 아니하는 자는 하나님을 알지 못하나니 이는 하나님은 사랑이심이라 9 하나님의 사랑이 우리에게 이렇게 나타난 바 되었으니 하나님이 자기의 독생자를 세상에 보내심은 그로 말미암아 우리를 살리려 하심이라 10 사랑은 여기 있으니 우리가 하나님을 사랑한 것이 아니요 하나님이 우리를 사랑하사 우리 죄를 속하기 위하여 화목 제물로 그 아들을 보내셨음이라 11 사랑하는 자들아 하나님이 이같이 우리를 사랑하셨은즉 우리도 서로 사랑하는 것이 마땅하도다

말씀 나누기

>> 선택한 본문 말씀의 질문에 대하여 나누어 보세요.

Q&A

1. 당신 주변에 말 잘하는 사람과 지식이 많은 사람을 떠 올려 보세요. 어떤 모습인가요?

2. 말 잘하고 지식이 많은 사람에게 '사랑이 많구나'하고 느껴지는 사람을 알고 있나요?

3. 본문에서는 남을 구제하고 몸을 불사르게 내주는데 사랑이 없을 수 있다고 말합니다. 당신 입장에서 예를 들어 설명해 보세요.

4. 본문에서 말하는 사랑에 대한 느낌과 생각을 말해 보세요.

Q&A

1. 본문을 읽어 본 소감이 어떤가요?

2. 사랑은 하나님께 속하였다고 합니다. 그 이유는 독생자 예수 그리스도를 죄로 인해 죽을 수밖에 없는 우리를 살리기 위해 보내셨기 때문이라고 말합니다. 이 내용을 당신은 언제 믿어졌습니까? 또는 믿어지지 않는다면 누구에게 설명 듣기를 원하십니까?

3. 우리가 쉽게 말하는 사랑과 본문에서 말하는 사랑이 어떤 차이가 있다고 생각하십니까?

4. 당신은 형제자매를 서로 사랑하고 있습니까? 아니면 사랑할 수 없는 이유가 무엇입니까?

메시지

말씀 1 고린도전서 13장 1-7절

우리는 사랑을 유행가에서 배우거나 남녀 간의 사랑으로 생각하는 경우가 있습니다. 부모의 자식 사랑도 사랑이고 부부간의 사랑도 사랑입니다. 그러나 말씀에서 말하는 사랑은 주님이 우리를 사랑하기 때문에 십자가에 달리신 복음에 기초합니다. 죄가 있음에도 용서하신 주님의 사랑, 참고 기다려 주는 주님의 사랑, 나보다 더 나를 잘 아는 주님의 사랑이 모든 사랑의 기초가 됩니다. 믿음이 강하다고 하는 사람, 지식이 뛰어나다고 하는 사람, 돈이 많다고 하는 사람이 나의 마음을 행복하게 하지 않습니다. 그 모든 것이 주님의 사랑과 어우러질 때 진정한 가치를 만들어 냅니다. 그래서 믿음 소망 사랑 중에 사랑이 제일이라고 말씀합니다.

말씀 2 요한일서 4장 7-11절

사랑은 하나님에게 속했다고 성경은 말합니다. 하나님 없이 사랑을 한다는 전제가 잘못된 것입니다. 하나님 없이 사랑을 하는 모습은 자기의 욕심을 위한 사랑이며 상대의 성장을 가로막는 사랑일 뿐입니다. 하나님은 우리가 사랑받기 충분해서 사랑하신 게 아니라 우리가 죄인임에도 불구하고 사랑하셨습니다. 그 사랑을 완성하기 위해 아들을 보내 제물로 삼아 죽이게 하셨습니다. 이 사랑을 본받아 우리도 서로를 사랑해야 합니다. 공동체에서 형제자매를 사랑하지 못하고 미워하고 원망하고 있음은 주님의 사랑을 깨닫지 못하기 때문입니다.

나눔

09 시계

이미지 보고 이야기하기

1. 당신이 가지고 있었던 시계 중 기억나는 시계는 무엇입니까?
2. 당신은 요즘 시간이 빨리 갑니까? 늦게 갑니까? 이유가 무엇입니까?
3. 당신은 시간을 어떻게 사용하였다고 보십니까?
4. 당신이 기억하는 시간가운데 고통스러운 시간은 언제였습니까?
(시간이 빨리 가기를 원했던 기억)

말씀 읽고 선택하기

>> 성경말씀을 읽고 마음에 와 닿는 말씀을 선택한 후, 그 이유를 나누어 보세요.

말씀 1 마가복음 14장 34-38절

34 말씀하시되 내 마음이 심히 고민하여 죽게 되었으니 너희는 여기 머물러 깨어 있으라 하시고

35 조금 나아가사 땅에 엎드리어 될 수 있는 대로 이때가 자기에게서 지나가기를 구하여 이르시되

36 아빠 아버지여 아버지께는 모든 것이 가능하오니 이 잔을 내게서 옮기시옵소서 그러나 나의 원대로

마시옵고 아버지의 원대로 하옵소서 하시고 37 돌아오사 제자들이 자는 것을 보시고 베드로에게 말씀

하시되 시몬아 자느냐 네가 한 시간도 깨어 있을 수 없더냐 38 시험에 들지 않게 깨어 있어 기도하라

마음에는 원이로되 육신이 약하도다 하시고

말씀 2 베드로후서 3장 8-10절

8 사랑하는 자들아 주께는 하루가 천 년 같고 천 년이 하루 같다는 이 한 가지를 잊지 말라 9 주의 약속은 어

떤 이들이 더디다고 생각하는 것 같이 더딘 것이 아니라 오직 주께서는 너희를 대하여 오래 참으사 아무도 멸

망하지 아니하고 다 회개하기에 이르기를 원하시느니라 10 그러나 주의 날이 도둑 같이 오리니 그 날에는

하늘이 큰 소리로 떠나가고 물질이 뜨거운 불에 풀어지고 땅과 그 중에 있는 모든 일이 드러나리로다

말씀 나누기

>> 선택한 본문 말씀의 질문에 대하여 나누어 보세요.

Q&A

1. 예수님께서 죽을까 고민되어 제자들에게 시키신 일이 무엇입니까?

2. 제자들은 그 시간에 하고 있던 일이 무엇입니까?

3. 마음으로는 해야 하는데 몸이 피곤하거나 약하여 하지 못한 경우가 무엇입니까?

4. 주님이 당신에게 원하는 것을 알면서도 하지 못하는 것은 무엇인가요?

Q&A

1. 시간이 더디 간다고 느낄 때와 너무 빠르다고 느낄 때를 말해 보세요.

2. 자식이나 다른 사람의 잘못을 참고 기다린 적이 있나요?

3. 주님이 오래 참으시는 이유가 무엇이라고 생각하십니까?

4. 주님이 오실 때 도둑 같이 오신다고 하십니다. 그렇게 올 때 사람들은 어떤 생각을 갖게 될까요?

메시지

말씀 1 마가복음 14장 34-38절

예수님도 죽음에 대해 힘들어하셨습니다. 죽음의 공포를 인간처럼 느끼셨습니다. 그래서 공포를 솔직히 고백합니다. '죽음을 내게서 지나가게 하여주세요.'라고 말입니다. 그러나 죽음의 공포보다 하늘 아버지의 뜻이라면 그 뜻에 따르겠다고 합니다. 반면 제자들은 이 시간에 잠이 중요했습니다. 주님의 마음을 헤아리지 못하고 잠을 자는 베드로와 제자들에게 이 중요한 시간에 어찌 잘 수 있느냐고 말씀하시면서 마음은 주님과 함께 하고자 하지만 몸이 약한 제자들을 이해하셨습니다. 우리도 마음은 주님을 따르고자 하지만 몸의 약함으로 좌절하고 실패하기도 합니다. 그래서 항상 깨어 기도하여 시험에 들지 않도록 해야 합니다.

말씀 2 베드로후서 3장 8-10절

우리가 알고 있는 시간은 인간이 편하기 위해 만든 규칙입니다. 하나님은 우리와 같은 시간에 구애받지 않으신 분이십니다. 인간은 각자가 시간을 다르게 느낍니다. 빠르게 가기도 하고, 늦게 가기도 합니다. 아이들은 인생이 천천히 간다고 느끼고 노인은 빨리 간다고 느낍니다. 마찬가지로 주님의 약속이 빨리 이뤄지지 않는다고 생각하는 사람이 있습니다. 그러나 주님은 시간이 문제가 아니라 우리가 회개하고 주의 말씀을 온전히 따르기를 원하신다고 말씀하십니다. 신앙의 원칙을 잘 지키면 주님의 때가 언제 오든 두렵지 않게 됩니다.

나눔

10 시험

이미지 보고 이야기하기

1. 당신이 경험한 시험 가운데 기억나는 시험은 어떤 것이 있나요?
2. 시험(운전, 입학)에 떨어져 본 경험이 있습니까?
3. 점수가 모자란 사람을 합격시켜 준다면 무슨 일이 벌어질까요?
4. 당신은 그런 혜택을 받아보거나 구해본 적이 있나요?

말씀 읽고 선택하기

>> 성경말씀을 읽고 마음에 와 닿는 말씀을 선택한 후, 그 이유를 나누어 보세요.

말씀 1 로마서 3장 9-12절

9 그러면 어떠하냐 우리는 나으냐 결코 아니라 유대인이나 헬라인이나 다 죄 아래에 있다고 우리가 이미 선언하였느니라 10 기록된 바 의인은 없나니 하나도 없으며 11 깨닫는 자도 없고 하나님을 찾는 자도 없고 12 다 치우쳐 함께 무익하게 되고 선을 행하는 자는 없나니 하나도 없도다

말씀 2 로마서 6장 11-14절

11 이와 같이 너희도 너희 자신을 죄에 대하여는 죽은 자요 그리스도 예수 안에서 하나님을 대하여는 산 자로 여길지어다 12 그러므로 너희는 죄로 너희 죽을 몸에 왕노릇하지 못하게 하여 몸의 사욕을 순종치 말고 13 또한 너희 지체를 불의의 병기로 죄에게 드리지 말고 오직 너희 자신을 죽은 자 가운데서 다시 산 자 같이 하나님께 드리며 너희 지체를 의의 병기로 하나님께 드리라 14 죄가 너희를 주관치 못하리니 이는 너희가 법아래 있지 아니하고 은혜 아래 있음이니라

말씀 나누기

>> 선택한 본문 말씀의 질문에 대하여 나누어 보세요.

Q&A

1. 모든 사람은 죄인이다는 본문의 말씀에 동의하나요?

2. 선한사람도 있다고 생각한다면 기준은 무엇인가요?

3. 사람의 기준과 하나님의 기준의 차이는 무엇인지 나름대로 이야기 해보세요.

4. 본문에서 '의인은 하나도 없다'고 말합니다. 그러나 사람들은 나름대로 자신이 의롭다거나 착하다고 말하는 이유는 무엇인가요?

Q&A

1. 우리들이 죄에 대하여 죽은 상태지만 예수님 안에서 하나님에 대해 산자라고 말합니다. 당신은 죽은 상태입니까? 살아있는 상태입니까?

2. 몸의 욕구대로 사는 모습을 죄의 상태라고 말합니다. 이런 우리가 예수님을 통해 산 자가 됐습니다. 그런 우리를 의의 병기로 하나님께 드리라고 말합니다. 의의 병기로 살기 위해 무엇이 필요합니까?

3. 죄가 우리를 주관치 못하는 이유가 무엇이라고 말합니까?

4. 죄 때문에 법으로 심판 받지 않고 은혜 아래서 산다고 본문은 말하지만 믿음이 사라질 때는 어느 때입니까?

메시지

말씀 1 로마서 3장 9-12절

누구나 시험은 두려움을 갖게 합니다. 시험에 떨어지면 낙심하고 자책에 사로잡히게 됩니다. 하물며 영혼이 살고 죽게 되는 문제는 어떤 시험 보다 중요합니다. 그런데 모든 인간은 이 시험에 합격할 수 없는 존재입니다. 죄의 문제 때문입니다. 온전하신 하나님의 기준에는 인간의 죄악된 모습은 도저히 합격시킬 수 없습니다. 나름대로 자신이 의인이라 생각하거나 선을 행하고 진리를 안다고 생각하지만 하나님의 기준에는 합격이라 말할 수 없습니다. 오직 예수 그리스도만이 우리의 죄의 문제를 해결하여 하나님의 기준에 합격시키셨습니다. 이 진리를 믿는 자만이 구원을 얻게 됩니다.

말씀 2 로마서 6장 11-14절

우리가 선하다 나쁘다는 판단은 인간의 기준일 뿐입니다. 죄라는 측면에서는 죽을 수밖에 없는 존재입니다. 그러나 예수님을 믿고 하나님께 순종하는 사람은 살 수 있게 됩니다. 죄가 나를 지배하지 못하게 하고 불의함에 속하지 않는 노력은 오직 하나님의 은혜로 가능합니다. 죄가 우리를 지배하지 못하고 우리가 승리할 수 있는 이유도 하나님의 은혜 아래서 존재하기 때문입니다. 우리가 항상 그 은혜를 깨닫고 감사하는 삶을 살 때 죄의 영향력에서 자유 할 수 있게 됩니다.

나눔

11 컵

이미지 보고 이야기하기

1. 당신은 어떤 컵을 고르겠습니까?
2. 손님이 온다면 어떤 컵을 내어 놓겠나요?
3. 그때 마음은 어떨까요?
4. 무엇 때문에 흠 있는 컵을 내놓기 힘든가요?
5. 당신은 깨진 컵, 흠 있는 컵, 완전한 컵 중에 어떤 컵인가요?

말씀 읽고 선택하기

>> 성경말씀을 읽고 마음에 와 닿는 말씀을 선택한 후, 그 이유를 나누어 보세요.

말씀 1 로마서 4장 2-5절

2 만일 아브라함이 행위로써 의롭다 하심을 얻었으면 자랑할 것이 있으려니와 하나님 앞에서는 없느니라 3 성경이 무엇을 말하느뇨 아브라함이 하나님을 믿으매 이것이 저에게 의로 여기신바 되었느니라 일하는 자에게는 그 삯을 은혜로 여기지 아니하고 빚으로 여기거니와 4 일을 아니할찌라도 경건치 아니한 자를 의롭다 하시는 이를 믿는 자에게는 그의 믿음을 의로 여기시나니

말씀 2 사도행전 4장 10-12절

10 너희와 모든 이스라엘 백성들은 알라 너희가 십자가에 못 박고 하나님이 죽은자 가운데서 살리신 나사렛 예수 그리스도의 이름으로 이 사람이 건강하게 되어 너희 앞에 섰느니라 11 이 예수는 너희 건축자들의 버린 돌로서 집 모퉁이의 머릿돌이 되었느니라 12 다른 이로서는 구원을 얻을 수 없나니 천하 인간에 구원을 얻을만한 다른 이름을 우리에게 주신 일이 없음이니라 하였더라

말씀 나누기

>> 선택한 본문 말씀의 질문에 대하여 나누어 보세요.

Q&A

1. 아브라함이 의롭다고 여기는 이유가 무엇이라고 하나요?

2. 의로운 행위로 의롭다고 여기는 것과 하나님을 믿음으로 의롭다 여기는 것의 차이가 무엇이라고 생각하나요?

3. 내가 의로운 일을 하거나 행동을 통해 의로운 사람이 되는 것의 기준은 무엇인가요?

4. 성경이 말하는 기준과 보통 상식이라고 생각하는 기준의 차이를 설명해 보세요.

Q&A

1. 당신의 죄의 문제는 누가 어떤 기준으로 측정할 수 있을까요?

2. 사람이 죄를 지으면 형벌을 받는 것이 사회법입니다. 그렇다면 죄를 들키지 않으면 죄가 없을까요? 죄를 모르고 지으면 죄가 되지 않을까요?

3. 성경에서는 우리의 죄를 예수 그리스도로 인해 해결되었다고 말합니다. 그렇다면 보통 사람은 죄에 대해 어떤 견해를 가지고 있을까요?

4. 당신의 죄에 대한 견해는 어떠한가요?

메시지

말씀 1 로마서 4장 2-5절

아브라함의 모습을 통해 성경은 행위가 아니라 믿음을 통해 의롭게 된다고 말합니다. 사람들은 상식선에서 의롭다, 착하다고 말하거나 선한 행위를 두고 의롭다고 말합니다. 그러나 그런 기준은 개별적이거나 유동적이거나 시대적으로 기준이 다를 수 있습니다. 성경에서 말하는 기준은 하나님을 믿느냐가 기준이며 하나님의 지혜를 통해 예수님이 우리의 죄를 위해 십자가에 달리셨음을 고백하는 것이 하나님을 믿는다는 증거입니다.

말씀 2 사도행전 4장 10-12절

우리가 영적으로 불완전한 존재라는 사실을 인정하지 않으면 도움을 구할 수 없습니다. 저마다의 기준으로 자신이 어느 정도 완전한 존재라고 믿고 살아갈 뿐입니다. 그러나 성경은 이런 인간 존재는 불완전하며 불안한 존재라고 말합니다. 죄의 대표성으로 아담이 존재하듯이 죄 사함의 대표성으로 예수 그리스도를 통해 우리가 구원받았다는 사실이 믿음의 기초가 됩니다.

나눔

Action Bible I ▶ 성경 말씀으로 4장면 만들기

Bible 마태복음 14장 25-32절

25 밤 사경에 예수께서 바다 위로 걸어서 제자들에게 오시니 26 제자들이 그가 바다 위로 걸어오심을 보고 놀라 유령이라 하며 무서워하여 소리 지르거늘 27 예수께서 즉시 이르시되 안심하라 나니 두려워 하지 말라 28 베드로가 대답하여 이르되 주여 만일 주님이시거든 나를 명하사 물 위로 오라 하소서 하니 29 오라 하시니 베드로가 배에서 내려 물 위로 걸어서 예수께로 가되 30 바람을 보고 무서워 빠져 가는지라 소리 질러 이르되 주여 나를 구원하소서 하니 31 예수께서 즉시 손을 내밀어 그를 붙잡으시며 이르시되 믿음이 작은 자여 왜 의심하였느냐 하시고 32 배에 함께 오르매 바람이 그치는지라

Action 활동 진행 순서

1. 참여자들에게 종이 하나씩을 나누어 준다,
2. 성경 본문 가운데 선택한다.
3. 종이에 4칸을 그리고 이야기를 그림으로 표현한다.
4. 참여자 스스로 이야기를 기승전결 방식으로 그린다.
5. 각자 한명씩 자신의 그림을 집단에게 소개한다.
6. 특색 있는 그림과 장면을 역할극으로 해 본다.

나눔

PART 3.

복음을 위해

12 내가 만난 사람들

이미지 보고 이야기하기

1. 오늘 당신은 몇 사람을 만났습니까?

2. 스치듯 지나친 사람을 포함한다면 어느 정도 사람을 만났을까요?

3. 당신은 지나치는 사람가운데 눈길이 가는 사람은 어떤 사람입니까?
(예: 미인, 미남, 노숙자, 노인, 꼬마 등)

4. 당신은 누가 당신을 바라봐 주기를 원합니까?

말씀 읽고 선택하기

>> 성경말씀을 읽고 마음에 와 닿는 말씀을 선택한 후, 그 이유를 나누어 보세요.

말씀 1 누가복음 17장 11-14절

11 예수께서 예루살렘으로 가실 때에 사마리아와 갈릴리 사이로 지나가시다가 12 한 마을에 들어가시니 나병환자 열 명이 예수를 만나 멀리 서서 13 소리를 높여 이르되 예수 선생님이여 우리를 불쌍히 여기소서 하거늘 14 보시고 이르시되 가서 제사장들에게 너희 몸을 보이라 하셨더니 그들이 가다가 깨끗함을 받은지라

말씀 2 마태복음 18장 23-35절

23 그러므로 천국은 그 종들과 결산하려 하던 어떤 임금과 같으니 24 결산할 때에 만 달란트 빚진 자 하나를 데려오매 25 갚을 것이 없는지라 주인이 명하여 그 몸과 아내와 자식들과 모든 소유를 다 팔아 갚게 하라 하니 26 그 종이 엎드려 절하며 이르되 내게 참으소서 다 갚으리이다 하거늘 27 그 종의 주인이 불쌍히 여겨 놓아 보내며 그 빚을 탕감하여 주었더니 28 그 종이 나가서 자기에게 백 데나리온 빚진 동료 한 사람을 만나 붙들어 목을 잡고 이르되 빚을 갚으라 하매 29 그 동료가 엎드려 간구하여 이르되 나에게 참아 주소서 갚으리이다 하되 30 허락하지 아니하고 이에 가서 그가 빚을 갚도록 옥에 가두거늘 31 그 동료들이 그것을 보고 몹시 딱하게 여겨 주인에게 가서 그 일을 다 알리니 32 이에 주인이 그를 불러다가 말하되 악한 종아 네가 빌기에 내가 네 빚을 전부 탕감하여 주었거늘 33 내가 너를 불쌍히 여김과 같이 너도 네 동료를 불쌍히 여김이 마땅하지 아니하냐 하고 34 주인이 노하여 그 빚을 다 갚도록 그를 옥졸들에게 넘기니라 35 너희가 각각 마음으로부터 형제를 용서하지 아니하면 나의 하늘 아버지께서도 너희에게 이와 같이 하시리라

말씀 나누기

>> 선택한 본문 말씀의 질문에 대하여 나누어 보세요.

Q&A

1. 다른 사람들이 외면한 예수님을 나병환자들이 만나자마자 소리친 이유가 무엇입니까?

2. 나병환자들은 예수님과 만남의 순간을 놓치지 않았지만 마을 사람들은 외면한 이유 무엇입니까? 다시 그 만남의 시간을 갖게 된다면 어떻게 행동할까요?

3. 당신도 살면서 만남을 소홀히 여겨서 기회를 놓친 일이 있습니까?

Q&A

1. 본문의 상황을 설명해 보세요.

2. 만달란트 빚진 자의 눈에는 무엇이 크게 보였을까요?

3. 만달란트 빚진 자는 무엇을 보지 못했을까요?

4. 당신이 용서 못하는 사람은 누구이며 무엇 때문에 용서하지 못하나요? 본문과 연결해서 설명해 보세요.

메시지

말씀 1 누가복음 17장 11-14절

예수님이 한 마을에 들어가시자 나병환자 열 명이 사람들 틈에 끼지도 못하고 멀리서 소리칩니다. 나병환자 자신들의 고통을 알아주고 고치실 분이 예수님이라는 사실을 믿었기 때문입니다. 우리들은 수많은 사람들을 만나고 시간을 보내지만 누가 중요한 사람이고 지금이 어떤 시간인지 알지 못하고 지나칠 때가 많습니다. 예수님에 대해서 소문을 들었던 사람은 많이 있지만 가까이 오셨어도 구하지 못하는 사람보다 멀리서나마 주님의 능력에 의지하며 외치는 나병환자가 더 신앙이 있는 것입니다. 지금도 예수님을 만나지 못하고 삶의 문제와 죄로 힘들어하는 사람들이 있습니다. 아직도 문제를 해결해 달라고 외치지 못하는 우리의 모습을 버리고 나병환자처럼 주님께 당당히 나아가 문제를 해결 받는 신앙인으로 성장해야 합니다.

말씀 2 마태복음 18장 23-35절

예수님은 천국 비유로 만 달란트 빚진 자가 주인으로부터 탕감을 받았는데 자신은 백 데나리온 빚진 친구를 고발하고 가두는 일을 말씀하십니다. 이 예화는 하나님의 사랑을 잃어버린 우리의 모습을 말하고 있습니다. 하나님이 죽을 수밖에 없는 우리의 죄를 용서하기 위해 예수님을 십자가에 달려 죽게 하셨습니다. 하나님이 우리를 사랑하시는 명백한 증거입니다. 그러나 우리는 살면서 그 사랑을 망각합니다. 나에게 잘못한 작은 실수도 용납 못합니다. 나의 권리를 조금이라도 침해하면 화를 냅니다. 이런 모습은 만 달란트 빚을 주인에게 탕감 받은 종이 친구를 용서하지 못한 모습과 같습니다. 우리가 묵상할 내용은 만 달란트 빚을 탕감한 주인처럼 죽을 수밖에 없는 우리의 죄를 용서해 주신 하나님의 사랑입니다.

나눔

13 마이크

이미지 보고 이야기하기

1. 마이크 앞에서 노래나 연설을 하는 사람 중 기억나는 사람이 있나요?
2. 당신은 마이크를 들고 노래나 말을 했던 기억이 있나요?
3. 당신은 많은 사람들 앞에서 마이크를 준다면 무슨 말을 하고 싶은가요?
4. 당신의 소리를 누가 듣기를 원하나요?

말씀 읽고 선택하기

>> 성경말씀을 읽고 마음에 와 닿는 말씀을 선택한 후, 그 이유를 나누어 보세요.

말씀 1 예레미야 7장 34절

34 그 때에 내가 유다 성읍들과 예루살렘 거리에 기뻐하는 소리, 즐거워하는 소리, 신랑의 소리, 신부의 소리가 끊어지게 하리니 땅이 황폐하리라

말씀 2 마태복음 20장 30-34절

30 맹인 두 사람이 길 가에 앉았다가 예수께서 지나가신다 함을 듣고 소리 질러 이르되 주여 우리를 불쌍히 여기소서 다윗의 자손이여 하니 31 무리가 꾸짖어 잠잠하라 하되 더욱 소리 질러 이르되 주여 우리를 불쌍히 여기소서 다윗의 자손이여 하는지라 32 예수께서 머물러 서서 그들을 불러 이르시되 33 너희에게 무엇을 하여 주기를 원하느냐 이르되 주여 우리의 눈 뜨기를 원하나이다 34 예수께서 불쌍히 여기사 그들의 눈을 만지시니 곧 보게 되어 그들이 예수를 따르니라

말씀 나누기

>> 선택한 본문 말씀의 질문에 대하여 나누어 보세요.

Q&A

1. 자신이 읽은 대로 말씀을 설명해 보세요.

2. 기뻐하는 소리, 즐거워하는 소리, 신랑의 소리, 신부의 소리를 자기 나름대로 묘사해 보세요.

3. 이런 소리들을 당신은 언제 들어 본 기억이 있습니까?

4. 하나님이 즐거움이 없는 거리, 기쁨이 없는 땅을 만든 이유를 상상해 보세요.

Q&A

1. 이 장면에서 나오는 사람과 장면을 설명해 보세요.

2. 맹인 두 사람이 소리를 어떻게 질렀을 것 같나요?

3. 사람들이 조용히 하라고 막았음에도 맹인은 더 큰 소리를 지른 이유는 무엇일까요?

4. 당신도 사람들이 막아도 소리를 질러 본 적이 있나요? 무엇이라고 소리지르고 싶나요?

메시지

말씀 1 예레미야 7장 34절

소리란 사람이 내는 가장 근본적 표현입니다. 즐겁고 괴롭고 슬픈 말이나 소리를 통해 혹은 표정을 통해 드러납니다. 그 가운데 소리는 다른 사람이 가장 쉽게 알 수 있는 표현입니다. 그래서 다른 사람의 말과 표현을 통해 그 사람의 마음을 헤아리게 됩니다. 그런데 개인과 공동체가 기뻐하는 소리 즐거워하는 소리가 없어진다면 어떻게 되겠습니까? 마을에 아이들의 웃음소리가 끊기고 결혼의 즐거움이 사라진 사회를 생각하면 결코 건강한 사회라 할 수 없습니다. 하나님은 하나님의 뜻대로 살지 않은 사회와 민족이 결국 건강을 잃고 황폐한 사회가 될 것을 경고하고 계십니다.

말씀 2 마태복음 20장 30-34절

맹인 두 사람은 평생 눈을 뜨지 못한 채 살았습니다. 그런데 예수님께서 능력이 많다는 사실을 알았을 때 그들은 소리치며 눈을 뜨게 해 달라고 외쳤습니다. 절박한 사람만이 외칠 수 있습니다. 다양한 소리가 있지만 절박한 외침보다 간절한 소리는 없을 것입니다. 아이를 살려달라고 울부짖는 어머니, 남편의 병을 낫게 해 달라고 외치는 아내, 부모의 고통을 덜어달라고 외치는 자녀의 소리야말로 간절함을 말합니다. 성경은 우리의 영혼이 멸망하지 않게 기도하라고 말합니다. 이 사실을 절실하게 깨닫는 자만이 외칠 수 있습니다. 간절히 기도하고 다른 사람에게 외칠 수 있는 용기가 생기게 됩니다.

나눔

14 환자

이미지 보고 이야기하기

1. 이 사람은 몸이 아파서 누워 있습니다. 어떻게 보이나요?
2. 당신은 몸이 아파서 혼자 누워 있었던 때는 언제 입니까?
3. 왜 혼자일 수밖에 없었으며 무슨 생각 무슨 느낌이 들었습니까?
4. 당신이 몸이 아플 때 했던 기도 혹은 바람은 무엇이었습니까?
5. 몸이 아플 때 들었던 말 중 상처가 된 말이 무엇인가요?

말씀 읽고 선택하기

>> 성경말씀을 읽고 마음에 와 닿는 말씀을 선택한 후, 그 이유를 나누어 보세요.

말씀 1 요한복음 9장 1-3절

1 예수께서 길을 가실 때에 날 때부터 맹인 된 사람을 보신지라 2 제자들이 물어 이르되 랍비여 이 사람이 맹인으로 난 것이 누구의 죄로 인함이니이까 자기니이까 그의 부모니이까 3 예수께서 대답하시되 이 사람이나 그 부모의 죄로 인한 것이 아니라 그에게서 하나님이 하시는 일을 나타내고자 하심이라

말씀 2 누가복음 13장 10-17절

10 예수께서 안식일에 한 회당에서 가르치실 때에 11 열여덟 해 동안이나 귀신 들려 앓으며 꼬부라져 조금도 펴지 못하는 한 여자가 있더라 12 예수께서 보시고 불러 이르시되 여자여 네가 네 병에서 놓였다 하시고 13 안수하시니 여자가 곧 펴고 하나님께 영광을 돌리는지라 14 회당장이 예수께서 안식일에 병 고치시는 것을 분 내어 무리에게 이르되 일할 날이 엿새가 있으니 그 동안에 와서 고침을 받을 것이요 안식일에는 하지 말 것이니라 하거늘 15 주께서 대답하여 이르시되 외식하는 자들아 너희가 각각 안식일에 자기의 소나 나귀를 외양간에서 풀어내어 이끌고 가서 물을 먹이지 아니하느냐 16 그러면 열여덟 해 동안 사탄에게 매인 바 된 이 아브라함의 딸을 안식일에 이 매임에서 푸는 것이 합당하지 아니하냐 17 예수께서 이 말씀을 하시매 모든 반대하는 자들은 부끄러워하고 온 무리는 그가 하시는 모든 영광스러운 일을 기뻐하니라

말씀 나누기

>> 선택한 본문 말씀의 질문에 대하여 나누어 보세요.

Q&A

1. 제자들처럼 아픈 사람에 대해 이유를 묻고 싶었던 적이 있습니까?

2. 제자들이 묻는 이유는 맹인을 돕고 싶어서 일까요? 단순한 호기심일까요?

3. 제자들이 맹인이 된 이유로 자신의 죄나 부모의 죄가 아니냐고 묻습니다.우리도 다른 사람의 고통을 그 사람의 탓이거나 가족의 문제로 보는 경우를 말해 보세요.

4. 고통당하는 사람을 하나님의 영광을 위해 돕거나 위로해 본 경험이 있나요?

Q&A

1. 본문의 상황을 묘사해 보세요.

2. 원칙과 사람 사이에서 당신은 어떤 쪽에 우선순위를 두는 편입니까?

3. 회당장이 예수님에게 화를 내며 분노한 이유는 무엇입니까?

4. 원칙을 지킨다면서 병에 걸린 사람이나 어려움을 당하고 있는 사람을 돕지 못하는 일들을 주변에서 본 적이 있나요?

메시지

말씀 1 요한복음 9장 1-3절

사람들은 다른 사람의 고통을 보면서 원인을 따집니다. 부모 때문이다. 조상의 죄 때문이다. 자신이 관리를 잘 못해서 그렇게 되었다는 식으로 말합니다. 다른 사람의 고통에 이렇게 이야기하는 우리들의 마음에는 타인을 비하하는 마음, 내 책임은 없다는 마음이 자리 잡고 있습니다. 죄로 물든 인간은 타인을 너그럽게 보지 못합니다. 마음의 작용이 고통을 보지 않고 원인을 따지게 만듭니다. 원인을 따지게 되면 내 책임은 없어지기 때문에 편한 마음을 갖게 됩니다. 우리들의 마음을 아시고 주님은 말하십니다. 그들의 고통은 하나님이 하시는 일을 나타내시기 위함이라고 말입니다. 예수님은 하나님이 하시는 일을 나타내기 위해 맹인을 고치셨습니다. 우리는 타인의 고통을 보며 하나님이 하시는 일을 나타내기 위해 성심껏 돕고 있습니까? 아니면 아직도 그들이 겪는 고통의 원인만 따지며 나의 책임을 외면하십니까?

말씀 2 누가복음 13장 10-17절

안식일에 병을 고치는 예수님을 보고 회당장은 화를 냅니다. 평일도 있는데 성스러운 안식일에 병을 고치는 게 틀렸다고 말입니다. 우리들도 신앙생활 하면서 원칙과 사람 사이에서 갈등하는 일들이 많습니다. 그러나 예수님은 분명히 말하십니다. 안식일에 고통당하는 환자를 외면하는 것이 맞는 것이냐는 말입니다. 원칙이냐 사람이냐가 아닌 사랑을 말씀하십니다. 원칙이든 사람이든 하나님의 사랑이 기준이 되어야 합니다. 주님의 사랑이 기준이 안 될 때 사람들은 논쟁만 합니다. 논쟁을 하면 정작 고통받는 사람을 외면하거나 명목적인 원칙만을 주장하게 됩니다. 항상 주님의 은혜 안에서 원칙과 사람을 생각해야 합니다.

나눔

15 횡단보도

이미지 보고 이야기하기

1. 당신은 여기 올 때 몇 개의 횡단보도를 건너왔나요?
2. 횡단보도가 없으면 무슨 일이 벌어질까요?
3. 당신이 살면서 기준이 없어서 곤란을 경험한 기억이 무엇입니까?
4. 당신은 기준을 어디에서 찾게 되나요?

말씀 읽고 선택하기

>> 성경말씀을 읽고 마음에 와 닿는 말씀을 선택한 후, 그 이유를 나누어 보세요.

말씀 1 요한1서 4장 13-17절 (현대인의 성경)

13 하나님이 우리에게 성령을 주셨으므로 우리가 하나님 안에서 살고 하나님이 우리 안에 계신다는 것을 우리는 압니다 14 하나님 아버지께서 자기 아들을 세상의 구주로 보내신 것을 우리가 보았고 또 증거하였습니다 15 누구든지 예수님을 하나님의 아들이라고 인정하면 하나님이 그 사람 안에 계시고 그도 하나님 안에서 살게 됩니다 16 우리는 하나님이 우리를 사랑하시는 그 사랑을 알고 믿고 있습니다. 참으로 하나님은 사랑이십니다. 그 사랑 안에 사는 사람은 하나님 안에서 살고 하나님도 그 사람 안에 계십니다 17 이것으로 사랑이 우리 가운데서 완성되어 우리가 떳떳하게 심판 날을 맞이할 수 있게 될 것입니다. 이것은 우리도 이 세상에서 예수님과 같아지기 때문입니다

말씀 2 로마서 7장 1-4절

1 형제들아 내가 법 아는 자들에게 말하노니 너희는 그 법이 사람이 살 동안만 그를 주관하는 줄 알지 못하느냐 2 남편 있는 여인이 그 남편 생전에는 법으로 그에게 매인 바 되나 만일 그 남편이 죽으면 남편의 법에서 벗어나느니라 3 그러므로 만일 그 남편 생전에 다른 남자에게 가면 음녀라 그러나 만일 남편이 죽으면 그 법에서 자유롭게 되나니 다른 남자에게 갈지라도 음녀가 되지 아니하느니라 4 그러므로 내 형제들아 너희도 그리스도의 몸으로 말미암아 율법에 대하여 죽임을 당하였으니 이는 다른 이 곧 죽은 자 가운데서 살아나신 이에게 가서 우리가 하나님을 위하여 열매를 맺게 하려 함이라

말씀 나누기

>> 선택한 본문 말씀의 질문에 대하여 나누어 보세요.

Q&A

1. 본문을 당신의 말로 설명해 보세요.

2. 우리가 하나님 안에 살고 하나님이 우리 안에 계신다는 말이 무엇입니까?

3. 나의 기준(판단)이나 세상의 기준(가치관)으로 살면서 어려움을 겪어 본 적이 있나요?

4. 세상의 기준(법) 혹은 나의 기준(판단)으로 사는 것과 하나님의 기준(법)으로 사는 것의 차이가 무엇입니까?

Q&A

1. 법이나 기준의 유효기간이 얼마나 된다고 말합니까?

2. 세상의 가치 혹은 다른 사람의 기준으로 힘들어 본 적이 있습니까?

3. 나의 기준으로 다른 사람을 비판하거나 정죄한 적이 있습니까?

4. 율법 아래 있는 사람과 그리스도의 은혜 아래 있는 사람의 차이에 대해 설명해 보세요.

메시지

말씀 1 요한1서 4장 13-17절 (현대인의 성경)

하나님의 영이신 성령님이 우리 안에 있다면 예수 그리스도가 우리를 구원하신 하나님의 아들이심을 알게 됩니다. 예수님을 하나님으로 인정하면 하나님과 우리는 동행하는 삶을 살게 됩니다. 이는 하나님의 사랑으로 시작되었으며 세상의 심판이 아니라 세상의 마지막에 있을 심판에서도 두려워하지 않고 떳떳해질 수 있는 믿음입니다. 이 믿음으로 말미암아 세상의 변화와 사람들의 악함 속에서도 우리가 신앙을 지킬 수 있는 기준이며 원동력이 됩니다.

말씀 2 로마서 7장 1-4절

세상에는 다양한 기준이 있습니다. 아프리카 어느 부족은 식인종도 있으며 중동의 어느 나라는 일처다부제도 존재합니다. 동성애를 허용하는 국가도 있으며 동성애를 금지하는 나라도 있습니다. 이처럼 다양한 법이 존재하며 그 민족이나 사람들의 삶을 지배합니다. 율법도 마찬가지입니다. 하나님이 우리를 사랑하여 준 율법이 사랑 없이 율법으로만 사람을 지배하면서 인간들은 자유 없는 억압에서 살게 됩니다. 그러나 예수님이 우리를 구원하기 위해 십자가에 달리심으로 율법 아래 사는 삶이 아니라 하나님의 은혜 안에서 살게 됩니다. 억압적 상황에서 율법을 따랐던 사람에서 은혜로 말미암아 자율적으로 예수님의 사랑 속에서 사는 사람의 차이는 죄인과 자유인의 모습으로 나타납니다.

나눔

16 한 사람

이미지 보고 이야기하기

1. 이 그림을 보고 무엇이 떠오르나요? 자유롭게 상상해 보세요.
2. 이 사람이 서 있는 곳은 어디인가요?
3. 언제부터 혼자였을까요? 이 사람은 누구인가요?
4. 당신도 이와 같은 시간이 있었나요?

말씀 읽고 선택하기

>> 성경말씀을 읽고 마음에 와 닿는 말씀을 선택한 후, 그 이유를 나누어 보세요.

말씀 1 로마서 5장 18-21절

18 그런즉 한 범죄로 많은 사람이 정죄에 이른 것 같이 한 의로운 행위로 말미암아 많은 사람이 의롭다 하심을 받아 생명에 이르렀느니라 19 한 사람이 순종하지 아니함으로 많은 사람이 죄인 된 것 같이 한 사람이 순종하심으로 많은 사람이 의인이 되리라 20 율법이 들어온 것은 범죄를 더하게 하려 함이라 그러나 죄가 더한 곳에 은혜가 더욱 넘쳤나니 21 이는 죄가 사망 안에서 왕 노릇 한 것 같이 은혜도 또한 의로 말미암아 왕 노릇 하여 우리 주 예수 그리스도로 말미암아 영생에 이르게 하려 함이라

말씀 2 마태복음 24장 37-42절

37 노아의 때와 같이 인자의 임함도 그러하리라 38 홍수전에 노아가 방주에 들어가던 날까지 사람들이 먹고 마시고 장가들고 시집가고 있으면서 39 홍수가 나서 그들을 다 멸하기까지 깨닫지 못하였으니 인자의 임함도 이와 같으리라 40 그 때에 두 사람이 밭에 있으매 한 사람은 데려가고 한 사람은 버려둠을 당할 것이요 41 두 여자가 맷돌질을 하고 있으매 한 사람은 데려가고 한 사람은 버려둠을 당할 것이니라 42 그러므로 깨어 있으라 어느 날에 너희 주가 임할는지 너희가 알지 못함이니라

말씀 나누기

>> 선택한 본문 말씀의 질문에 대하여 나누어 보세요.

Q&A

1. 선택한 말씀을 설명해 보세요.

2. 한사람의 범죄로 우리가 정죄함을 얻게 되었다는 말과 한 사람의 의로운 행위로 의롭다 생명을 얻었다는 말을 설명해 보세요.

3. 예수 그리스도로 인하여 영생을 얻게 되었다는 것은 무엇을 말함일까요?

4. 자신의 생명을 얻게 된 경험 혹은 구원 받은 영적 경험을 말해보세요

Q&A

1. 선택한 말씀을 설명해 보세요.

2. 어떤 사람은 홍수를 피하고 어떤 사람은 홍수로 죽게 되었을까요?

3. 어떤 사람은 구원을 받고 어떤 사람은 멸망을 맞게 될까요?

4. 당신이 구원을 받게 된다면 구원받지 못한 한사람은 누가 될 것이며 그 사람을 생각하면 어떤 마음이 드나요?

메시지

말씀 1 로마서 5장 18-21절

대부분 사람들은 아담의 죄가 우리와 무슨 상관이 있냐고 말하면서 원죄를 부인합니다. 그러나 인간의 몸에 유전적 법칙이 있듯이 원죄도 우리에게 흐른다는 하나님의 법칙을 성경은 말합니다. 마찬가지로 그 죄를 독생자 예수 그리스도로 말미암아 해결되었다는 사실도 우리에게 전하고 있습니다. 그 사실을 믿느냐 믿지 않느냐는 신앙의 중요한 기준점입니다. 어떤 죄인이라도 회개하고 주님을 영접하면 죄가 용서받는다는 사실은 성경의 법칙입니다. 인간은 자유롭게 이 사실을 믿거나 부인할 수 있지만 결과는 죽음과 생명이라는 엄청난 결과를 초래하게 됩니다.

말씀 2 마태복음 24장 37-42절

홍수가 날 것을 아는 사람은 방주에 피하였고 홍수가 날 것을 알지 못한 사람은 홍수로 목숨을 잃었다는 노아의 방주 이야기를 성경은 말합니다. 지진이 일어나는 나라에서도 지진이 일어날 것을 미리 아는 지역 주민은 대피하여 목숨을 구하지만 지진 예측을 못한 주민들은 그저 지진으로 목숨을 잃게 됩니다. 마찬가지로 주님의 구원 역사를 아는 사람은 생명을 얻게 되고 알지 못하는 사람은 죽게 된다고 말합니다. 우리가 깨어서 말씀과 기도생활을 해야 하는 이유는 지진을 예측하는 것처럼 주님의 역사에 민감하게 반응해야 하기 때문입니다.

나눔

Action Bible III ▶ 하나님과의 거리 측정해보기

Action 활동 진행 순서

1. 공간 중앙에 의자 하나를 놓는다.

2. 인도자는 참여자들에게 다음과 같이 지시를 한다.

   "가운데 있는 의자는 주님이 계신다고 생각하고 여러분은 지금 어느 정도 거리에 있는지 위치를 잡아서 서 주세요"

3. 사람들이 공간에 다양하게 자리를 잡으면 사람들에게 다음과 같이 말한다.

   "지금 여러분은 하나님과 가깝나요? 먼 거리에 있나요?"

4. 잠시 시간을 주고 다음과 같이 질문 한다.

   "지금 여러분은 주님에게 가까워지고 있는 상태인가요? 멀어지는 상태인가요?"

5. 몇 사람에게 자신의 자리에 대해 말할 수 있도록 인터뷰를 한다.

   "이 자리는 주님과 얼마나 떨어져 있나요"
   "이 자리에 있는지는 얼마나 됐나요?"
   "이 자리는 주님께 가까이 가는 중인가요? 아니면 멀어지는 중인가요?"

나눔

이미지성경공부 1

초판1쇄 발행 2019년 10월 1일

지 은 이 이영미, 이미숙, 우치언
펴 낸 이 이영미
펴 낸 곳 도서출판 액션메소드
디 자 인 이주로, 이보라
등록번호 제2019-000041호
주 소 서울시 서초구 바우뫼로 20길 25 B1
전 화 070-4177-4567
S N S http://fb.me/actionm0301
blog.naver.com/actionm0301
이 메 일 actionm0301@naver.com
I S B N 979-11-965834-1-5